中华人民共和国
人民检察院组织法

附新旧条文对照

中国民主法制出版社

图书在版编目（CIP）数据

中华人民共和国人民检察院组织法：附新旧条文对照/《中华人民共和国人民检察院组织法：附新旧条文对照》编写组编．—北京：中国民主法制出版社，2018.11

ISBN 978-7-5162-1912-6

Ⅰ.①中…　Ⅱ.①中…　Ⅲ.①检察机关—机构组织法中国　Ⅳ.①D926.3

中国版本图书馆 CIP 数据核字（2018）第 243583 号

书名/中华人民共和国人民检察院组织法　附新旧条文对照

出版·发行/中国民主法制出版社
地址/北京市丰台区玉林里 7 号（100069）
电话/63055259（总编室）　63057714（发行部）
传真/63056975　63056983
http://www.npcpub.com
E-mail:mzfz@npcpub.com
经销/新华书店
开本/32 开　850 毫米×1168 毫米
印张/1.125　**字数**/25 千字
版本/2018 年 12 月第 1 版　2018 年 12 月第 1 次印刷
印刷/北京天宇万达印刷有限公司

书号/ISBN 978-7-5162-1912-6
定价/8.00 元

目　　录

中华人民共和国主席令（第十二号）

中华人民共和国主席令

第十二号

《中华人民共和国人民检察院组织法》已由中华人民共和国第十三届全国人民代表大会常务委员会第六次会议于 2018 年 10 月 26 日修订通过，现将修订后的《中华人民共和国人民检察院组织法》公布，自 2019 年 1 月 1 日起施行。

中华人民共和国主席　习近平

2018 年 10 月 26 日

中华人民共和国
人民检察院组织法

（1979 年 7 月 1 日第五届全国人民代表大会第二次会议通过　根据 1983 年 9 月 2 日第六届全国人民代表大会常务委员会第二次会议《关于修改〈中华人民共和国人民检察院组织法〉的决定》第一次修正　根据 1986 年 12 月 2 日第六届全国人民代表大会常务委员会第十八次会议《关于修改〈中华人民共和国地方各级人民代表大会和地方各级人民政府组织法〉的决定》第二次修正　2018 年 10 月 26 日第十三届全国人民代表大会常务委员会第六次会议修订）

目　　录

第一章　总　　则

第一条　为了规范人民检察院的设置、组织和职权，保障人民检察院依法履行职责，根据宪法，制定本法。

第二条　人民检察院是国家的法律监督机关。

人民检察院通过行使检察权，追诉犯罪，维护国家安全和社会秩序，维护个人和组织的合法权益，维护国家利益和社会公共利益，保障法律正确实施，维护社会公平正义，维护国家法制统一、尊严和权威，保障中国特色社会主义建设的顺利进行。

第三条　人民检察院依照宪法、法律和全国人民代表大会常务委员会的决定设置。

第四条　人民检察院依照法律规定独立行使检察权，不受行政机关、社会团体和个人的干涉。

第五条　人民检察院行使检察权在适用法律上一律平等，不允许任何组织和个人有超越法律的特权，禁止任何形式的歧视。

第六条　人民检察院坚持司法公正，以事实为根据，以法律为准绳，遵守法定程序，尊重和保障人权。

第七条　人民检察院实行司法公开，法律另有规定的除外。

第八条 人民检察院实行司法责任制，建立健全权责统一的司法权力运行机制。

第九条 最高人民检察院对全国人民代表大会及其常务委员会负责并报告工作。地方各级人民检察院对本级人民代表大会及其常务委员会负责并报告工作。

各级人民代表大会及其常务委员会对本级人民检察院的工作实施监督。

第十条 最高人民检察院是最高检察机关。

最高人民检察院领导地方各级人民检察院和专门人民检察院的工作，上级人民检察院领导下级人民检察院的工作。

第十一条 人民检察院应当接受人民群众监督，保障人民群众对人民检察院工作依法享有知情权、参与权和监督权。

第二章 人民检察院的设置和职权

第十二条 人民检察院分为：

（一）最高人民检察院；

（二）地方各级人民检察院；

（三）军事检察院等专门人民检察院。

第十三条 地方各级人民检察院分为：

（一）省级人民检察院，包括省、自治区、直辖市人民检察院；

（二）设区的市级人民检察院，包括省、自治区辖市人民检察院，自治州人民检察院，省、自治区、直辖市人民检察院分院；

（三）基层人民检察院，包括县、自治县、不设区的市、市辖区人民检察院。

第十四条 在新疆生产建设兵团设立的人民检察院的组织、案件管辖范围和检察官任免，依照全国人民代表大会常务委员会的有关规定。

第十五条 专门人民检察院的设置、组织、职权和检察官任免，由全国人民代表大会常务委员会规定。

第十六条 省级人民检察院和设区的市级人民检察院根据检察工作需要，经最高人民检察院和省级有关部门同意，并提请本级人民代表大会常务委员会批准，可以在辖区内特定区域设立人民检察院，作为派出机构。

第十七条 人民检察院根据检察工作需要，可以在监狱、看守所等场所设立检察室，行使派出它的人民检察院的部分职权，也可以对上述场所进行巡回检察。

省级人民检察院设立检察室，应当经最高人民检察院和省级有关部门同意。设区的市级人民检察院、基层人民检察院设立检察室，应当经省级人民检察院和省级有关部门同意。

第十八条 人民检察院根据检察工作需要，设必要的业务机构。检察官员额较少的设区的市级人民检察院和基层人民检察院，可以设综合业务机构。

第十九条 人民检察院根据工作需要，可以设必要的检察辅助机构和行政管理机构。

第二十条 人民检察院行使下列职权：

（一）依照法律规定对有关刑事案件行使侦查权；

（二）对刑事案件进行审查，批准或者决定是否逮捕犯罪嫌疑人；

（三）对刑事案件进行审查，决定是否提起公诉，对决定提起公诉的案件支持公诉；

（四）依照法律规定提起公益诉讼；

（五）对诉讼活动实行法律监督；

（六）对判决、裁定等生效法律文书的执行工作实行法律监督；

（七）对监狱、看守所的执法活动实行法律监督；

（八）法律规定的其他职权。

第二十一条 人民检察院行使本法第二十条规定的法律监督职权，可以进行调查核实，并依法提出抗诉、纠正意见、检察建议。有关单位应当予以配合，并及时将采纳纠正意见、检察建议的情况书面回复人民检察院。

抗诉、纠正意见、检察建议的适用范围及其程序，依照法律有关规定。

第二十二条 最高人民检察院对最高人民法院的死刑复核活动实行监督；对报请核准追诉的案件进行审

查，决定是否追诉。

第二十三条 最高人民检察院可以对属于检察工作中具体应用法律的问题进行解释。

最高人民检察院可以发布指导性案例。

第二十四条 上级人民检察院对下级人民检察院行使下列职权：

（一）认为下级人民检察院的决定错误的，指令下级人民检察院纠正，或者依法撤销、变更；

（二）可以对下级人民检察院管辖的案件指定管辖；

（三）可以办理下级人民检察院管辖的案件；

（四）可以统一调用辖区的检察人员办理案件。

上级人民检察院的决定，应当以书面形式作出。

第二十五条 下级人民检察院应当执行上级人民检察院的决定；有不同意见的，可以在执行的同时向上级人民检察院报告。

第二十六条 人民检察院检察长或者检察长委托的副检察长，可以列席同级人民法院审判委员会会议。

第二十七条 人民监督员依照规定对人民检察院的办案活动实行监督。

第三章 人民检察院的办案组织

第二十八条 人民检察院办理案件，根据案件情况可以由一名检察官独任办理，也可以由两名以上检察官组成办案组办理。

由检察官办案组办理的，检察长应当指定一名检察官担任主办检察官，组织、指挥办案组办理案件。

第二十九条 检察官在检察长领导下开展工作，重大办案事项由检察长决定。检察长可以将部分职权委托检察官行使，可以授权检察官签发法律文书。

第三十条 各级人民检察院设检察委员会。检察委员会由检察长、副检察长和若干资深检察官组成，成员应当为单数。

第三十一条 检察委员会履行下列职能：

（一）总结检察工作经验；

（二）讨论决定重大、疑难、复杂案件；

（三）讨论决定其他有关检察工作的重大问题。

最高人民检察院对属于检察工作中具体应用法律的问题进行解释、发布指导性案例，应当由检察委员会讨论通过。

第三十二条 检察委员会召开会议，应当有其组成人员的过半数出席。

检察委员会会议由检察长或者检察长委托的副检察长主持。检察委员会实行民主集中制。

地方各级人民检察院的检察长不同意本院检察委员会多数人的意见，属于办理案件的，可以报请上一级人民检察院决定；属于重大事项的，可以报请上一级人民检察院或者本级人民代表大会常务委员会决定。

第三十三条 检察官可以就重大案件和其他重大问题，提请检察长决定。检察长可以根据案件情况，提交检察委员会讨论决定。

检察委员会讨论案件，检察官对其汇报的事实负责，检察委员会委员对本人发表的意见和表决负责。检察委员会的决定，检察官应当执行。

第三十四条 人民检察院实行检察官办案责任制。检察官对其职权范围内就案件作出的决定负责。检察长、检察委员会对案件作出决定的，承担相应责任。

第四章 人民检察院的人员组成

第三十五条 人民检察院的检察人员由检察长、副检察长、检察委员会委员和检察员等人员组成。

第三十六条 人民检察院检察长领导本院检察工作，管理本院行政事务。人民检察院副检察长协助检察长工作。

第三十七条 最高人民检察院检察长由全国人民代表大会选举和罢免，副检察长、检察委员会委员和检察员由检察长提请全国人民代表大会常务委员会任免。

第三十八条 地方各级人民检察院检察长由本级人民代表大会选举和罢免，副检察长、检察委员会委员和检察员由检察长提请本级人民代表大会常务委员会任免。

地方各级人民检察院检察长的任免，须报上一级人民检察院检察长提请本级人民代表大会常务委员会批准。

省、自治区、直辖市人民检察院分院检察长、副检察长、检察委员会委员和检察员，由省、自治区、直辖市人民检察院检察长提请本级人民代表大会常务委员会任免。

第三十九条 人民检察院检察长任期与产生它的人民代表大会每届任期相同。

全国人民代表大会常务委员会和省、自治区、直辖市人民代表大会常务委员会根据本级人民检察院检察长的建议，可以撤换下级人民检察院检察长、副检察长和检察委员会委员。

第四十条 人民检察院的检察官、检察辅助人员和司法行政人员实行分类管理。

第四十一条 检察官实行员额制。检察官员额根据案件数量、经济社会发展情况、人口数量和人民检察院层级等因素确定。

最高人民检察院检察官员额由最高人民检察院商有关部门确定。地方各级人民检察院检察官员额，在省、自治区、直辖市内实行总量控制、动态管理。

第四十二条 检察官从取得法律职业资格并且具备法律规定的其他条件的人员中选任。初任检察官应当由检察官遴选委员会进行专业能力审核。上级人民检察院的检察官一般从下级人民检察院的检察官中择优遴选。

检察长应当具有法学专业知识和法律职业经历。副检察长、检察委员会委员应当从检察官、法官或者其他具备检察官、法官条件的人员中产生。

检察官的职责、管理和保障，依照《中华人民共和国检察官法》的规定。

第四十三条 人民检察院的检察官助理在检察官指导下负责审查案件材料、草拟法律文书等检察辅助事务。

符合检察官任职条件的检察官助理，经遴选后可以按照检察官任免程序任命为检察官。

第四十四条 人民检察院的书记员负责案件记录等检察辅助事务。

第四十五条 人民检察院的司法警察负责办案场所警戒、人员押解和看管等警务事项。

司法警察依照《中华人民共和国人民警察法》管理。

第四十六条 人民检察院根据检察工作需要，可以设检察技术人员，负责与检察工作有关的事项。

第五章 人民检察院行使职权的保障

第四十七条 任何单位或者个人不得要求检察官从事超出法定职责范围的事务。

对于领导干部等干预司法活动、插手具体案件处理，或者人民检察院内部人员过问案件情况的，办案人员应当全面如实记录并报告；有违法违纪情形的，由有关机关根据情节轻重追究行为人的责任。

第四十八条 人民检察院采取必要措施，维护办案安全。对妨碍人民检察院依法行使职权的违法犯罪行为，依法追究法律责任。

第四十九条 人民检察院实行培训制度，检察官、检察辅助人员和司法行政人员应当接受理论和业务培训。

第五十条 人民检察院人员编制实行专项管理。

第五十一条 人民检察院的经费按照事权划分的原则列入财政预算，保障检察工作需要。

第五十二条 人民检察院应当加强信息化建设，运用现代信息技术，促进司法公开，提高工作效率。

第六章 附 则

第五十三条 本法自2019年1月1日起施行。

《中华人民共和国人民检察院组织法》修订前后对照表

（条文中黑体字为新增加或者修改后的内容）

修　订　前 （共3章28条）	修　订　后 （共6章53条）
第一章　总　　则	第一章　总　　则
	第一条　为了规范人民检察院的设置、组织和职权，保障人民检察院依法履行职责，根据宪法，制定本法。
第一条　中华人民共和国人民检察院是国家的法律监督机关。 **第四条**　人民检察院通过行使检察权，镇压一切叛国的、分裂国家的和其他反革命活动，打击反革命分子和其他犯罪分子，维护国家的统一，维护无产阶级专	**第二条**　人民检察院是国家的法律监督机关。 人民检察院通过行使检察权，**追诉犯罪，维护国家安全和社会秩序，维护个人和组织的合法权益，维护国家利益和社会公共利益，保障法律正确实施，维护社会**

政制度，维护社会主义法制，维护社会秩序、生产秩序、工作秩序、教学科研秩序和人民群众生活秩序，保护社会主义的全民所有的财产和劳动群众集体所有的财产，保护公民私人所有的合法财产，保护公民的人身权利、民主权利和其他权利，保卫社会主义现代化建设的顺利进行。 人民检察院通过检察活动，教育公民忠于社会主义祖国，自觉地遵守宪法和法律，积极同违法行为作斗争。	**公平正义，维护国家法制统一、尊严和权威，保障中国特色**社会主义建设的顺利进行。
	第三条　人民检察院依照宪法、法律和全国人民代表大会常务委员会的决定设置。
第九条　人民检察院依照法律规定独立行使检察权，不受其他行政机关、团体和个人的干涉。	**第四条**　人民检察院依照法律规定独立行使检察权，不受行政机关、社会团体和个人的干涉。
第八条　各级人民检察院行使检察权，对于任何公民，在适用法律上一律平等，不允许有任何特权。	**第五条**　人民检察院行使检察权在适用法律上一律平等，不允许任何**组织和个人有超越法律的特权，禁止任何形式的歧视**。
第六条　人民检察院依法保障公民对于违法的国家工作人员提出控告的权利，追究侵犯公民的人身权利、民主权利和其他权利的人的法律责任。 **第七条**　人民检察院在工作中	**第六条　人民检察院坚持司法公正，以事实为根据，以法律为准绳，遵守法定程序，尊重和保障人权。**

必须坚持实事求是，贯彻执行群众路线，倾听群众意见，接受群众监督，调查研究，重证据不轻信口供，严禁逼供信，正确区分和处理敌我矛盾和人民内部矛盾。 各级人民检察院的工作人员，必须忠实于事实真象，忠实于法律，忠实于社会主义事业，全心全意地为人民服务。	
	第七条　人民检察院实行司法公开，法律另有规定的除外。
	第八条　人民检察院实行司法责任制，建立健全权责统一的司法权力运行机制。
第十条第一款　最高人民检察院对全国人民代表大会和全国人民代表大会常务委员会负责并报告工作。地方各级人民检察院对本级人民代表大会和本级人民代表大会常务委员会负责并报告工作。	**第九条**　最高人民检察院对全国人民代表大会**及其**常务委员会负责并报告工作。地方各级人民检察院对本级人民代表大会**及其**常务委员会负责并报告工作。 **各级人民代表大会及其常务委员会对本级人民检察院的工作实施监督。**
第十条第二款　最高人民检察院领导地方各级人民检察院和专门人民检察院的工作，上级人民检察院领导下级人民检察院的工作。	**第十条　最高人民检察院是最高检察机关。** 最高人民检察院领导地方各级人民检察院和专门人民检察院的工作，上级人民检察院领导下级人民检察院的工作。

	第十一条　人民检察院应当接受人民群众监督，保障人民群众对人民检察院工作依法享有知情权、参与权和监督权。
	第二章　人民检察院的设置和职权
第二条第一款　中华人民共和国设立最高人民检察院、地方各级人民检察院和军事检察院等专门人民检察院。	**第十二条**　人民检察院分为： **（一）**最高人民检察院； **（二）**地方各级人民检察院； **（三）**军事检察院等专门人民检察院。
第二条第二款　地方各级人民检察院分为： （一）省、自治区、直辖市人民检察院； （二）省、自治区、直辖市人民检察院分院，自治州和省辖市人民检察院； （三）县、市、自治县和市辖区人民检察院。	**第十三条**　地方各级人民检察院分为： （一）**省级人民检察院，包括**省、自治区、直辖市人民检察院； （二）**设区的市级人民检察院，包括**省、**自治区**辖市人民检察院，自治州**人民检察院**，省、自治区、直辖市人民检察院分院； （三）**基层人民检察院，包括**县、自治县、**不设区的**市、市辖区人民检察院。
	第十四条　在新疆生产建设兵团设立的人民检察院的组织、案件管辖范围和检察官任免，依照全国人民代表大会常务委员会的有关规定。
第二条第四款　专门人民检察院的设置、组织和职权由全国人民代表大会常务委员会另行规定。	**第十五条**　专门人民检察院的设置、组织、职权和**检察官任免**，由全国人民代表大会常务委员会规定。

第二条第三款 省一级人民检察院和县一级人民检察院，根据工作需要，提请本级人民代表大会常务委员会批准，可以在工矿区、农垦区、林区等区域设置人民检察院，作为派出机构。	**第十六条** 省级人民检察院和设区的市级人民检察院根据检察工作需要，**经最高人民检察院和省级有关部门同意，并提请本级人民代表大会常务委员会批准，可以在辖区内特定区域设立人民检察院，作为派出机构。**
	第十七条 人民检察院根据检察工作需要，可以在监狱、看守所等场所设立检察室，行使派出它的人民检察院的部分职权，也可以对上述场所进行巡回检察。 **省级人民检察院设立检察室，应当经最高人民检察院和省级有关部门同意。设区的市级人民检察院、基层人民检察院设立检察室，应当经省级人民检察院和省级有关部门同意。**
第二十条 最高人民检察院根据需要，设立若干检察厅和其他业务机构。地方各级人民检察院可以分别设立相应的检察处、科和其他业务机构。	**第十八条** 人民检察院根据检察工作需要，设**必要的**业务机构。**检察官员额较少的设区的市级人民检察院和基层人民检察院，可以设综合业务机构。**
	第十九条 人民检察院根据工作需要，可以设必要的检察辅助机构和行政管理机构。
第五条 各级人民检察院行使下列职权： （一）对于叛国案、分裂国家案以及严重破坏国家的政策、法律、	**第二十条** 人民检察院行使下列职权： **（一）依照法律规定对有关刑事案件行使侦查权；**

法令、政令统一实施的重大犯罪案件，行使检察权。 （二）对于直接受理的刑事案件，进行侦查。 （三）对于公安机关侦查的案件，进行审查，决定是否逮捕、起诉或者免予起诉；对于公安机关的侦查活动是否合法，实行监督。 （四）对于刑事案件提起公诉，支持公诉；对于人民法院的审判活动是否合法，实行监督。 （五）对于刑事案件判决、裁定的执行和监狱、看守所、劳动改造机关的活动是否合法，实行监督。	（二）**对刑事案件**进行审查，**批准或者**决定是否逮捕**犯罪嫌疑人**； （三）对刑事案件**进行审查**，**决定是**否提起公诉，**对决定提起公诉的案件**支持公诉； **（四）依照法律规定提起公益诉讼**； （五）对**诉讼**活动实行**法律**监督； （六）对判决、裁定**等生效法律文书**的执行**工作**实行**法律**监督； （七）对监狱、看守所的**执法**活动**实行法律监督**； **（八）法律规定的其他职权**。
第二章 人民检察院行使职权的程序	
第十一条 人民检察院发现并且认为有犯罪行为时，应当依照法律程序立案侦查，或者交给公安机关进行侦查。侦查终结，人民检察院认为必须对被告人追究刑事责任时，应当向人民法院提起公诉；认为不需要追究刑事责任时，应当将原案撤销。	
第十二条 对于任何公民的逮捕，除人民法院决定的以外，必须经人民检察院批准。	
第十三条第一款 人民检察院对于公安机关要求起诉的案件，	

应当进行审查，决定起诉、免予起诉或者不起诉。对于主要犯罪事实不清、证据不足的，可以退回公安机关补充侦查。	
第十四条 人民检察院对于公安机关移送的案件所作的不批准逮捕的决定、不起诉或者免予起诉的决定，公安机关认为有错误时，可以要求人民检察院复议，并且可以要求上级人民检察院复核。上级人民检察院应当及时作出决定，通知下级人民检察院和公安机关执行。	
第十五条 人民检察院提起公诉的案件，由检察长或者检察员以国家公诉人的身份出席法庭，支持公诉，并且监督审判活动是否合法。	
第十六条 人民检察院起诉的案件，人民法院认为主要犯罪事实不清、证据不足，或者有违法情况时，可以退回人民检察院补充侦查，或者通知人民检察院予以纠正。	
第十三条第二款 人民检察院发现公安机关的侦查活动有违法情况时，应当通知公安机关予以纠正。	**第二十一条** 人民检察院行使本法第二十条规定的法律监督职权，可以进行调查核实，并依法提出抗诉、纠正意见、检察建议。有关单位应当予以配合，并
第十七条 地方各级人民检察	

院对于本级人民法院第一审案件的判决和裁定，认为有错误时，应当按照上诉程序提出抗诉。	**及时将采纳纠正意见、检察建议的情况书面回复人民检察院。** **抗诉、纠正意见、检察建议的适用范围及其程序，依照法律有关规定。**
第十八条　最高人民检察院对于各级人民法院已经发生法律效力的判决和裁定，上级人民检察院对于下级人民法院已经发生法律效力的判决和裁定，如果发现确有错误，应当按照审判监督程序提出抗诉。 按照审判监督程序审理的案件，人民检察院必须派人出席法庭。	
第十九条　人民检察院发现刑事判决、裁定的执行有违法情况时，应当通知执行机关予以纠正。 人民检察院发现监狱、看守所、劳动改造机关的活动有违法情况时，应当通知主管机关予以纠正。	
	第二十二条　最高人民检察院对最高人民法院的死刑复核活动实行监督；对报请核准追诉的案件进行审查，决定是否追诉。
	第二十三条　最高人民检察院可以对属于检察工作中具体应用法律的问题进行解释。 **最高人民检察院可以发布指导性案例。**
	第二十四条　上级人民检察院

	对下级人民检察院行使下列职权： （一）认为下级人民检察院的决定错误的，指令下级人民检察院纠正，或者依法撤销、变更； （二）可以对下级人民检察院管辖的案件指定管辖； （三）可以办理下级人民检察院管辖的案件； （四）可以统一调用辖区的检察人员办理案件。 上级人民检察院的决定，应当以书面形式作出。
	第二十五条　下级人民检察院应当执行上级人民检察院的决定；有不同意见的，可以在执行的同时向上级人民检察院报告。
	第二十六条　人民检察院检察长或者检察长委托的副检察长，可以列席同级人民法院审判委员会会议。
	第二十七条　人民监督员依照规定对人民检察院的办案活动实行监督。
	第三章　人民检察院的办案组织
	第二十八条　人民检察院办理案件，根据案件情况可以由一名检察官独任办理，也可以由两名以上检察官组成办案组办理。

	由检察官办案组办理的，检察长应当指定一名检察官担任主办检察官，组织、指挥办案组办理案件。
	第二十九条 检察官在检察长领导下开展工作，重大办案事项由检察长决定。检察长可以将部分职权委托检察官行使，可以授权检察官签发法律文书。
第三条第二款 各级人民检察院设立检察委员会。检察委员会实行民主集中制，在检察长的主持下，讨论决定重大案件和其他重大问题。如果检察长在重大问题上不同意多数人的决定，可以报请本级人民代表大会常务委员会决定。	**第三十条** 各级人民检察院设检察委员会。检察委员会由检察长、副检察长和若干资深检察官组成，成员应当为单数。 **第三十一条** 检察委员会履行下列职能： （一）总结检察工作经验； （二）讨论决定重大、疑难、复杂案件； （三）讨论决定其他有关检察工作的重大问题。 最高人民检察院对属于检察工作中具体应用法律的问题进行解释、发布指导性案例，应当由检察委员会讨论通过。
	第三十二条 检察委员会召开会议，应当有其组成人员的过半数出席。 检察委员会会议由检察长或者检察长委托的副检察长主持。检察委员会实行民主集中制。

	地方各级人民检察院的检察长不同意本院检察委员会多数人的意见，属于办理案件的，可以报请上一级人民检察院决定；属于重大事项的，可以报请上一级人民检察院或者本级人民代表大会常务委员会决定。
	第三十三条　检察官可以就重大案件和其他重大问题，提请检察长决定。检察长可以根据案件情况，提交检察委员会讨论决定。 检察委员会讨论案件，检察官对其汇报的事实负责，检察委员会委员对本人发表的意见和表决负责。检察委员会的决定，检察官应当执行。
	第三十四条　人民检察院实行检察官办案责任制。检察官对其职权范围内就案件作出的决定负责。检察长、检察委员会对案件作出决定的，承担相应责任。
第三章　人民检察院的机构设置和人员的任免	**第四章　人民检察院的人员组成**
第三条第一款　各级人民检察院设检察长一人，副检察长和检察员若干人。检察长统一领导检察院的工作。	**第三十五条**　人民检察院的检察人员由检察长、副检察长、检察委员会委员和检察员等人员组成。 **第三十六条**　人民检察院检察长领导本院检察工作，管理本院

	行政事务。人民检察院副检察长协助检察长工作。
第二十一条　最高人民检察院检察长由全国人民代表大会选举和罢免。 最高人民检察院副检察长、检察委员会委员和检察员由最高人民检察院检察长提请全国人民代表大会常务委员会任免。	**第三十七条**　最高人民检察院检察长由全国人民代表大会选举和罢免，副检察长、检察委员会委员和检察员由检察长提请全国人民代表大会常务委员会任免。
第二十二条　省、自治区、直辖市人民检察院检察长由省、自治区、直辖市人民代表大会选举和罢免，副检察长、检察委员会委员、检察员和人民检察院分院检察长、副检察长、检察委员会委员、检察员由省、自治区、直辖市人民检察院检察长提请本级人民代表大会常务委员会任免。 省、自治区、直辖市人民检察院检察长的任免，须报最高人民检察院检察长提请全国人民代表大会常务委员会批准。	**第三十八条　地方各级**人民检察院检察长由本级人民代表大会选举和罢免，副检察长、检察委员会委员和检察员由检察长提请本级人民代表大会常务委员会任免。 **地方各级**人民检察院检察长的任免，须报上一级人民检察院检察长提请**本**级人民代表大会常务委员会批准。 **省、自治区、直辖市**人民检察院分院检察长、副检察长、检察委员会委员**和**检察员，由省、自治区、直辖市人民检察院检察长提请本级人民代表大会常务委员会任免。
第二十三条　自治州、省辖市、县、市、市辖区人民检察院检察长由本级人民代表大会选举和罢免，副检察长、检察委员会委员和检察员由自治州、省辖市、县、市、市辖区人民检察院检察长提请本级人民代表大会常务委员会任免。	

自治州、省辖市、县、市、市辖区人民检察院检察长的任免，须报上一级人民检察院检察长提请该级人民代表大会常务委员会批准。	
第二十四条 省一级人民检察院和县一级人民检察院设置的工矿区、农垦区、林区人民检察院检察长、副检察长、检察委员会委员和检察员，均由派出的人民检察院检察长提请本级人民代表大会常务委员会任免。	
第二十五条 各级人民检察院检察长的任期，与本级人民代表大会每届任期相同。	**第三十九条** 人民检察院检察长任期与产生它的人民代表大会每届任期相同。 **全国人民代表大会常务委员会和省、自治区、直辖市人民代表大会常务委员会根据本级人民检察院检察长的建议，可以撤换下级人民检察院检察长、副检察长和检察委员会委员。**
第二十六条 全国和省、自治区、直辖市人民代表大会常务委员会根据本级人民检察院检察长的建议，可以撤换下级人民检察院检察长、副检察长和检察委员会委员。	
	第四十条 人民检察院的检察官、检察辅助人员和司法行政人员实行分类管理。
	第四十一条 检察官实行员额制。检察官员额根据案件数量、经济社会发展情况、人口数量和人民检察院层级等因素确定。 **最高人民检察院检察官员额由最高人民检察院商有关部门确定。**

	地方各级人民检察院检察官员额，在省、自治区、直辖市内实行总量控制、动态管理。
	第四十二条　检察官从取得法律职业资格并且具备法律规定的其他条件的人员中选任。初任检察官应当由检察官遴选委员会进行专业能力审核。上级人民检察院的检察官一般从下级人民检察院的检察官中择优遴选。 检察长应当具有法学专业知识和法律职业经历。副检察长、检察委员会委员应当从检察官、法官或者其他具备检察官、法官条件的人员中产生。 检察官的职责、管理和保障，依照《中华人民共和国检察官法》的规定。
第二十七条　各级人民检察院设助理检察员和书记员各若干人。经检察长批准，助理检察员可以代行检察员职务。书记员办理案件的记录工作和有关事项。 助理检察员、书记员由各级人民检察院检察长任免。 各级人民检察院根据需要可以设司法警察。	第四十三条　人民检察院的检察官助理在检察官指导下负责审查案件材料、草拟法律文书等检察辅助事务。 符合检察官任职条件的检察官助理，经遴选后可以按照检察官任免程序任命为检察官。 第四十四条　人民检察院的书记员负责案件记录等检察辅助事务。 第四十五条　人民检察院的司法警察负责办案场所警戒、人员

	押解和看管等警务事项。 司法警察依照《中华人民共和国人民警察法》管理。
	第四十六条　人民检察院根据检察工作需要，可以设检察技术人员，负责与检察工作有关的事项。
	第五章　人民检察院 行使职权的保障
	第四十七条　任何单位或者个人不得要求检察官从事超出法定职责范围的事务。 对于领导干部等干预司法活动、插手具体案件处理，或者人民检察院内部人员过问案件情况的，办案人员应当全面如实记录并报告；有违法违纪情形的，由有关机关根据情节轻重追究行为人的责任。
	第四十八条　人民检察院采取必要措施，维护办案安全。对妨碍人民检察院依法行使职权的违法犯罪行为，依法追究法律责任。
	第四十九条　人民检察院实行培训制度，检察官、检察辅助人员和司法行政人员应当接受理论和业务培训。
第二十八条　各级人民检察院的人员编制由最高人民检察院另行规定。	第五十条　人民检察院人员编制实行专项管理。

	第五十一条 人民检察院的经费按照事权划分的原则列入财政预算，保障检察工作需要。
	第五十二条 人民检察院应当加强信息化建设，运用现代信息技术，促进司法公开，提高工作效率。
	第六章 附 则
	第五十三条 本法自2019年1月1日起施行。